Prof. Dr. Hans Joachim Gerhardt

Der Witz ist ein Gedicht

Eine Auswahl besonderer Witze in Reimen

Bibliografische Information der Deutschen Nationalbibliothek
Die Deutsche Nationalbibliothek verzeichnet diese Publikation in der Deutschen Nationalbibliografie; detaillierte bibliografische Daten sind im Internet über dnb.dnb.de abrufbar.

© 2017 Prof. Dr. Gerhardt

Herstellung und Verlag
BoD – Books on Demand, Norderstedt

ISBN: 9783743191082

Vorwort

Humor ist Lebenselexier und Jungbrunnen zugleich. Seine Eigenschaft , die Stimmung und Laune aufzuhellen, macht es zu einem wichtigen Faktor für den Einzelnen, aber auch für die Gemeinschaft. Aus einer Vielzahl von Quellen wurden besonders humorvolle Geschichten aus Deutschland und angrenzenden Ländern ausgewählt. Einbezogen sind auch jüdische und ostpreußische Beispiele. Es erschien interessant und logisch, die Wirkung von Witzen, als eine Form des Humors, mit der von Gedichten zu vereinen. Warum also nicht beides zugleich bieten und den Witz als Gedicht darstellen. Der Versuch wurde hier unternommen. Die Freude, die das Lesen oder das Vorlesen bei Zuhörer ausgelöst hat, ist Beweis für das Gelingen dieser Absicht. Diese Freude wünsche ich auch allen Lesern.

Prof. Dr. Hans Joachim Gerhardt

Der jüdische und ostpreußische Witz

An einem Frühlingstag im Cafe
„Was wird sein im Sommer, frag ich sie Herr Grün?"
„Was wird sein. Die Leute werden in den Urlaub ziehen."
„Aber nein, ich frage was wird geschehen?"
„Und ich sage, was kommt wird man sehen"

„Nun Herr Grün, Sie sollten mich nicht immer unterbrechen.
Lassen Sie mich doch endlich einmal zu Ende sprechen.
Ich mein, was wird sein im Sommer bei der Hitzen,
wenn Ihre Füße jetzt schon so stinken und so schwitzen. „

Ostpreußische Arztgefühle
Emma Kaschube fühlt sich an diesem Morgen wie zerschlagen.
Arme und Beine schmerzen und Probleme macht auch der Magen.
Für einen Arztbesuch hatte sie seit Ewigkeiten keinen Grund,
aber diesmal wird sie ohne ihn wohl kaum gesund.

Der Doktor will sich um eine gründliche Untersuchung bemühen
und bittet Frau Kaschube sich auszuziehen.
Sie ist ganz aufgeregt:" Herr Doktor, wer versteht denn das,
ich bin furchtbar krank und Ihnen kommt sowas."

Der Dorfpolizist

Der Dorfpolizist bei Tilsit galt als nicht so gescheit.
Er schrieb schon mal, der Mast fiel um aus Faulheit.
Eines Tages bekam er eine Anfrage vom Revier auf den Tisch:
Ist der dortige Emil Baltusch mit dem geflohenen Baltusch identisch?

Er antwortet, dass der Baltusch niemals in die Kirche geht,
faulenzt und mit Frauen bis abends in der Kneipe steht.
Er als Polizist habe die Meinung, da sei er so frei,
dass der Saukerl sicher auch noch identisch sei.

Die Verlobte
Goldstein eilt zum Freundeskreis mit froher Kunde.
„Ich bin jetzt verlobt" ruft er in die Runde.
Wie das so üblich ist,
er wird gratuliert und er wird geküsst.

Man bemerkt, dass alle die Verlobte nicht kennen
und man bittet ihn, ihren Namen zu nennen.
„Ich kann mit viel besseren dienen"
und reicht ein Porträtfoto zu Ihnen.

Sie schauen lange und schweigend auf die Braut.
Genau so lang wird auch Goldstein angeschaut.
„Sie hat innere Schönheit" will er die Sache beenden.
Da ruft einer: „Dann lass sie doch wenden."

Die Weste
„Joschl du riechst etwas sauer.
Es wäre gut oder es wäre schlauer,
du lässt dich zu einem Bad überreden,
dann kannst du wieder zwischen die Leute treten."

<u>Später</u>
„Sarah, ich werde nie wieder baden.
Ich habe erlitten einen furchtbaren Schaden.
Davon wird ich mich schwerlich erholen;
man hat meine Weste im Bade gestohlen."

<u>Ein Jahr später</u>
Sarah hat auf ein neues Bad gedrungen
und Joschl nahezu gezwungen.
Er kommt ganz meschugge nach Haus
und ruft freudestrahlend aus:
„Sarah meine Weste war doch letztlich verschwunden.
Ich habe sie beim Ausziehen unter dem Hemd gefunden."

Die Füße im Bad

Grün geht mit seinem Sohn ins Bad
und staunt, was der für schmutzige Füße hat.
„Mein Sohn, deine Füße sind ja total verdreckt.
Die hast du aber gut in den Schuhen versteckt."

„He Vater, meckere nicht immer,
deine sind ja noch viel schlimmer."
„So einen Vergleich lasse ich nicht zu.
Ich bin schließlich dreißig Jahre älter als du."

Die Kuh aus Minsk

Die jüdischen Bauern beschließen; wir kaufen eine Kuh.
Sie kommt aus Minsk, gibt viel Milch und war billig dazu.
Weil alles so gut läuft will man eine Zucht durchführen
und es gelingt auch einen günstigen Bullen zu organisieren.

Doch geht der Bulle ein paar Schritte vor,
weicht die rückwärts aus in Richtung Tor.
Nähert er sich dann von hinten,
versucht sie nach vorn einen Fluchtweg zu finden.

Kommt er von der rechten Seite,
sucht sie nach links das Weite.
Man zieht einen Experten hinzu,
erklärt alles und zeigt auch die Kuh.

Der sagt sofort: „Die Kuh ist doch bestimmt aus Minsk gekommen."
Die jüdischen Bauern sind sprachlos und vor Ehrfurcht benommen.
„Wieso und woher wusstet Ihr das gleich und so genau?"
„Aus Minsk ist auch meine Frau."

Die Kopfbedeckung
Der Rabbi will auf Einhaltung der religiösen Regeln drängen
und plant folgendes Plakat am Eingang aufzuhängen:
„Behalten Sie beim Betreten der Synagoge die Kopfbedeckung auf,
sonst nehmen Sie freiwillig und wissentlich in Kauf,
dass Sie eine große Sünde vor dem Herrn begehen.

Sie wird vergleichbar mit dem Ehebruch gesehen."
Am nächsten Morgen ist er am Eingang stehen geblieben,
denn jemand hat etwas auf sein Plakat dazu geschrieben.
Er las dort, und seine Knieen wurden weich:
„Ich hab beides probiert - kein Vergleich."

Reichtum

„Du hast mir erzählt, dir sei eine Frau begegnet,
die wäre wunderbar mit Reichtum gesegnet.
Wie weit ist denn eure Beziehung gediehen,
hat sie dir schon etwas von ihrem Geld geliehen?"
„Ich habe sie keinesfalls reich genannt.
Ich sagte nur, sie hätte mehr Geld als Verstand."

Theaterfreuden
„Das Theater ist doch etwas sehr Schönes"
sagt Willi Kobialka zu seinem Freund Höhnes.
„Mensch, du gehst du doch da nicht hin, nie und nimmer."
„Na ja, ich nicht aber meine Frau geht immer."

Konkubinat
Herr Blau hat Besuch beim Essen von der Polizei gekriegt
und wird informiert, dass eine Anzeige gegen ihn vorliegt.
Als Grund wird ein Leben im Konkubinat genannt.
„Was ist das. So etwas ist mir völlig unbekannt?"

„Juristisch und wörtlich bedeutet das genau,
sie leben mit einer fremden exakt so, wie mit der eigenen Frau."
Blau hantiert seelenruhig weiter mit Gabel und Messer,
dreht sich zum Polizisten: „Pffff... viel besser."

Die Geliebte
Sami Goldstein erklärte abends seiner Frau
und das energisch, betont und sehr genau,
dass Geliebte geschäftlich in Mode sind
„und auch ich brauch jetzt eine, liebes Kind."

Rubinstein und Mandel, jeweils Kompagnon,
hätten auch eine, länger schon.
Dann folgte noch ein Schwall von Argumenten,
am Ende hat die Frau nichts einzuwenden.

Als alle aus der Firma ins Theater gehen,
kann man im Parkett die drei Geliebten sehen.
Sehr kritisch betrachtet die Dreien Goldsteins Frau,
prüft die Gesamterscheinung und die Details sehr genau
und wendet sich dann ihrem Gatten zu:
„Unsere ist doch die Hübscheste, oder was meinst du?"

Rabbi Kopp ist tot
„Der Rabbi Kopp ist heut zu seinem Herrn heimgekehrt."
"Oh, die Neuigkeit habe ich noch nicht gehört."
„Und, wird man dich zu seiner Beerdigung sehen?"
„Wie werd ich, wird er zu meiner gehen?"

Totenwache

Gestern wurde in Ostpreußen eine Totenwache gehalten.
Sie soll sich eigentlich nach bestimmten, strengen Regeln gestalten.
Man sah des Pfarrers Weg heute zu der betreffenden Familie führen,
denn er hatte einiges erfahren und viel zu kritisieren:

„Man kann man nichts gegen Kaffe oder gar ein Schnäpschen haben.
Gleiches gilt für Kuchen oder generell für kleine Essensgaben.
Aber ganz egal wie schön oder schlimm es klingt,
es ist nicht in Ordnung, wenn man bei der Totenwache singt.

Und klar ist, dass Tanzen in diesem Raum überhaupt nicht geht."
„Doch Herr Pfarrer es ist möglich, wenn der Sarg senkrecht steht."

Auf der Kurischen Nehrung

Auf der Kurischen Nehrung sah man, ohne einen Namen zu nennen,
plötzlich einen aufgeregten Mann zu einem anderen rennen.
„Sie haben doch vor ein paar Tagen mit letzter Kraft
meine ertrinkende Schwiegermutter ans Ufer geschafft.
Ich will Ihnen ein für alle Mal deutlich machen,
kümmern Sie sich in Zukunft um Ihre eigenen Sachen."

Frauen im Orient

„Die Frauen im Orient"
war ein Thema der Universität Kent.
Die Soziologen wollten sehen,
wo die Frauen gesellschaftlich stehen.

Vor dem Krieg konnte der Mann auf dem Esel sitzen
und die Frau musste hinterher flitzen.
Man hat argumentiert und belehrt
und glaubte die Gesellschaft endlich bekehrt.

Es schien, als ob ein anderer Wind weht,
denn nach dem Krieg war es umgedreht.
Man hat einen arabischen Mann befragt.
Der hat ihnen ganz deutlich gesagt:
Man wisse nach all den Kriegen,
nicht so genau wo die Minen liegen.

Sarah auf dem Balkon
Sarah Rubinstein steht auf ihrem Balkon.
Da ruft von unten der Herr Mendelsohn:
„Sarah, ist denn dein Mann zu Haus?"
„Nein, er ist mit seinem Vater aus."

„Ich komm dann zu dir: hab ich ein Glück"
„Bin ich a Hur" ruft sie zurück.
Mendelsohn geht zum Haus und lacht.
„Wer hat denn ans Bezahlen gedacht?"

Blau im Freudenhaus

Herr Blau geht wieder einmal ins Freudenhaus.
„Blau ist da", ruft entzückt Madam Rosa aus.
„Ich weiß aber nimmer was Ihr Gusto war,
solls haben gelbe, rote oder schwarze Haar.

Vielleicht können Sie mich mit einem Hinweis unterstützen."
Blau schwermütig: „ Geduld solls besitzen."

Wie geht's
Nun wie geht's denn so Herr Kohn?"
„Ein, zwei mal im Monat geht es schon."
„Aber, so sollen Sie die Frage nicht verstehen.
Ich meine, wie wirds zu Hause gehen?"
„Die Frage ist ja noch viel schlimmer.
Zu Haus, da gehts nimmer."

Der Butlerjob
Ein jüdischer Emigrant sucht Arbeit in einem US Bundesstaat.
Da liest er ein für ihn hoch interessantes Inserat.
Der Stelle eines Butlers wird in der Zeitung annonciert.
Er hat sich sofort einen Vorstellungstermin organisiert.

Das Servieren soll in Kniebundhosen geschehen.
Deshalb will die Hausfrau die Beine sehen.
Es wird auch auf Armkraft für die Stelle geachtet,
daher werden auch diese Muskeln näher betrachtet.

Bei der letzten Frage ist dann wohl seine Glückssträhne gerissen,
denn er wurde im hohen Bogen rausgeschmissen.
(Let see your testimonial)
Er konnte nur „zeigen" und „sein Testimonial" verstehen.
Dabei wollte die Dame nur seine Zeugnisse und Referenzen sehen.

Die Grenzbebauung
Preußen und Russland haben Krieg geführt.
Am Ende wird über die Teilung Polens diskutiert.
Das Land wird in zwei Hälften gespalten
und jede Partei soll einen Teil erhalten.

Doch es gab nun ein paar Schwierigkeiten.
Ein polnischer Jude musste sich entscheiden,
weil sein Anwesen genau auf der Grenze stand,
gehört er künftig zu Preußen oder Russland.

„Preußen, Preußen" ruft er ganz vernarrt.
„Die russischen Winter sind mir zu hart."

Der Wegweiser
Ein Autofahrer hält in Ostpreußen vor einem Bauern an
und fragt ihn, ob er den Weg nach Tilsit zeigen kann.
Der schüttelt den Kopf und sagt nur „Nein" und „Leider."
Da fährt der Fremde natürlich einfach weiter.

Im Rückspiegel kann er dann plötzlich sehen,
dass dort auf einmal zwei Bauern stehen.
Sie winken heftig, dass er noch einmal zurückkommt.
Er wendet und macht das auch prompt.

Da sagt der Erste: „Das ist hier mein Nachbar Bernricht
und der kennt den Weg nach Tilsit auch nicht."

Die unruhige Predigt
Pfarrer Baltusch stellt in seiner Sonntagspredigt fest,
dass sich Erwin Konopke etwas gehen lässt.
Er rutscht hin und her, kratzt sich am Kopf und stört.
Nach der Predigt wird er deshalb vom Pfarrer gefragt, fast verhört.

„Herr Pfarrer, Sie haben vom Gebot nicht zu stehlen erzählt,
da habe ich plötzlich gemerkt, dass mein Regenschirm fehlt.
Sie begannen dann vom anderen Gebot zu sprechen;
also von dem: Du sollst nicht ehebrechen.

Während ich also so zuhörte und einfach da saß,
fiel mir auf einmal ein, wo ich ihn vergaß."

Diebstahl im Kino

Marielle hat sich in Kobinke einen Kinofilm angeschaut.
Dabei hat man ihr trotz aller Vorsicht die Geldbörse geklaut.
Sie hatte sie nämlich in ihrem Unterrock versteckt,
damit kein Dieb sie ohne weiteres entdeckt.

Sie wurde zu dem Vorgang vom Wachtmeister Grigoleit befragt
und hat dem alles noch einmal beschrieben und gesagt.
„Fräuleinchen am Unterrock, das merkt man doch, mitnichten."
„Das schon, aber ich dachte, er hätte ehrliche Absichten."

Witze aus Deutschland und Umgebung

Der Banküberfall
Ein Räuber stürmt in eine Bank,
sieht sich um und zieht die Waffe blank.
Er sagt dann laut zu allen:
„Jetzt wird die Bank hier überfallen"

Doch plötzlich ist seine Maske abgeflogen.
Er hat sie zwar schnell zurechtgezogen,
doch ein Kunde hat sein Gesicht gesehen.
Bumms, da war es um ihn geschehen.

Den nächsten sieht er drohend an:
„Antworte augenblicklich Mann,
hast du mich gesehen, antworte genau?"
„Ich nicht, aber meine Frau."

Der Selbstmörder
Zwei österreichische Grenzer durchstreifen den Wald.
Da ruft der eine plötzlich und laut „Halt.
Da vorn hängt ein Mensch an einem Baum
und das zum Feierabend, man glaubt es kaum."

„Die Berichte, Rapporte und die Menge von Protokollen.
Ich glaube nicht, dass wir und das antun sollen.
Komm wir hängen ihn rüber, nur ein Stück weiter.
Er ist dann bei den Bayern und wir aus dem Schneider."

Die bayerische Streife kommt später den Berg hernieder.
Da bemerkt der eine:" Schau Xaverl, da hangt er wieder."

Der französische Gefangene
Eine ältere Frau geht zum Beichtstuhl hin.
Der katholische Pfarrer sitzt schon drin.
Sie hätte am Ende des Krieges einen Franzosen aufgenommen.
Er wäre abends heimlich zu ihrer Tür gekommen.

Als Ausgleich für die entstandene Gefahr
gab es eine Vereinbarung zwischen dem Paar.
Er sollte sie bis zum Ende des Krieges jeden Tag lieben.
Er hielt sein Wort und ist so geblieben.

Der Pfarrer sagt, ihm sei Vieles nicht klar,
weil doch der Krieg schon lange zu Ende war.
Die ältere Frau druckst herum und wirkt ganz verzagt.
Gerade das habe sie ihm doch bis heute nicht gesagt.

Versteckte Dragees
In Bayern klingelt das Telefon.
Es eilt herbei der Apothekersohn
und hört wie eine Stimme schnarrt:
„Ist dort die Apotheke Engelhardt?
Und wenn Sie fragen, wer spricht hier;
Polizeiwachtmeister Huber vom Revier.

Wir haben einen Menschen festgenommen
und die Nachricht von ihm bekommen,
er hätte gesagt, ihre Dragees taugen nichts, zum Verrecken,
die können Sie sich in den Hintern stecken.
Ich will Sie von Amts wegen anweisen und informieren.
Entfernen Sie die Dragees, wir konnten ihn als Betrüger überführen!"

Die Straßenbahnlinie 10
Ein Schrank wird gesucht und angeschaut
und wenig später auch schon aufgebaut.
Doch lange währt die Freude nicht,
weil er alsbald zusammenbricht.

Als es nach dem Neuaufbau noch mal passiert,
wird ein erfahrener Tischler engagiert.
Das spezielle Gepolter der Straßenbahnlinie 10
erweist als Ursache für das ruinöse Geschehen.

Mit der Hausfrau wird vereinbart, einen Versuch zu starten.
Im Schrank soll er die nächste Straßenbahn erwarten.
Als nun der Ehemann nach Hause kommt,
man ahnt es schon, da eilt er prompt

zum Schrank und es erschlägt ihn fast;
dort sitzt ein völlig unbekannter Gast.
„Ich glaub es nicht, was wir hier sehn "
„Pardon, ich warte auf die nächste zehn"

Der Wanderer
Ein deutscher Wanderer durchstreift die Wachau.
Die Sonne scheint, der Himmel ist strahlend blau.
Er ist fröhlich und ausgezeichnet gestimmt.
Es ist klar, dass man dann die Umgebung mit allen Sinnen aufnimmt.

So sieht er zwei Menschen auf einem Baum sitzen,
die an einem Ast sägen und unsäglich schwitzen.
„Wenn Ihr am Stamm sägt, heißt das Gefahr.
Ihr stürzt herunter, das ist Euch doch klar."

Nach zwei Stunden kehrt er dorthin zurück.
Die beiden erwarten ihn mit bewunderndem Blick.
Einer sagt und seine Stimme bebt:
„O Herr, wir haben einen Hellseher erlebt."

Herr Vogel
Ein Mann steht suchend vor dem Tor
und liest sich die Klingelschilder vor.
Zum Glück kommt ein Mieter an,
den er natürlich fragen kann:
„Verzeihung, ich kenne mich nicht aus,
wohnt ein gewisser Vogel hier im Haus?"
„Ja, im ersten Stock wohnt der Knabe
und er heißt Rabe."

Der Hasenbraten
Eine Köchin vergleicht auf dem Neumarkt die Preise.
Klar, Wien ist eindeutig das Ziel unserer Reise.
Sie will morgen einen Hasenbraten bereiten
und versucht einen guten Preis zu erstreiten.

Sauer finden ihre Herrschaften den Braten gut,
deshalb kommt in die Tüte auch noch reichlich Blut.
Der Beutel aus Plaste wirkt wahrlich nicht schön;
ist mit dem all dem Blut sogar grausig anzusehen.

Die Köchin versucht, ihn unter dem Rock zu verstecken.
Sie stolpert, fällt hin und sieht mit Erschrecken;
Der Hase liegt da, das Blut ringsherum.
Da dreht sich ein älterer Herr nach ihr um
und sagt: „ Frau Baronin, hören sie auf zu tratschen.
Es wär egal kein schönes Kind geworden, mit den langen Watschen."

Ratschlag zum Ehestreit

In einer Ehe lässt es sich nun einmal nicht vermeiden,
dass sich die beiden Partner auch mal streiten.
Ich erkläre zu Hause in einem solchen Falle dann,
dass meine Schwiegermutter nicht gut kochen kann.
Der Streit ist damit erst recht nicht beendet,
doch der Inhalt hat sich radikal gewendet.

Die Türkenwohnung
Ich habe mich mit einer neuen Wohnung belohnt,
allerdings ist die Gegend vor allem von Türken bewohnt.
Ich gebe zu, ich verstehe
nicht alles was ich sehe.

Als Ali seinen Teppich schüttelnd aus dem Fenster hängt,
hat es mich geradezu zu einer betreffenden Frage gedrängt.
Ich wollte wissen, ob ich irgendwie helfen kann.
„Ali, der Teppich springt wohl heute nicht an? "

Lebensweisheit
Du sollst keinesfalls meckern,
wenn Vögel deinen schönen Anzug bekleckern.
Du solltest dich lieber froh und glücklich nennen,
weil Kühe noch nicht fliegen können.

Pfarrerneuling - Teil 1

Ein junger Pfarrer tritt seine erste Stelle an.
Es ist klar, dass er Vieles noch nicht kann.
Sein Vorgänger, der jetzt in Rente geht,
verspricht, dass er hilfreich zur Seite steht.

 Am meisten kämpft der junge Mann
gegen den nervösen Zustand vor der Predigt an.
Der Senior hat ihn mit einem guten Rat versehen.
Er hätte früher auf jeder Kanzelstufe einen Wodka stehen.

Der neue Pfarrer ist total begeistert
und hat so den Kanzelweg gemeistert.
Nach der Predigt wird er empfangen wie ein Star.
Der Kollege breitet die Arme aus und ruft:"Wunderbar!"

Pfarrerneuling – Teil 2
Er will sich nicht wegen Kleinigkeiten beklagen,
Aber zur Methodik muss er einfach etwas sagen:
„Kirchenlieder werden gesungen, wohin man schaut.
Sie zu pfeifen hat sich noch Niemand getraut.

Die Predigt wird stets mit „Amen" beendet.
„Prost" wird mehr in der Kneipe verwendet.
„Die biblische Geschichte war im Großen und Ganzen korrekt,
aber ein paar Kleinigkeiten habe ich dennoch entdeckt."

Pfarrerneuling – Teil 3
Adam erhielt von Eva den Apfel, wie wir alle wissen
und er hat ihr nicht in die Birne gebissen.
Jesus ist durch die Kreuzigung gestorben.
Er wurde nicht in den Westen abgeworben.

Kain nahm Abel durch Totschlag das Leben.
Er hat ihn keinen Arschtritt gegeben."
„Ansonsten haben Sie das alles gut gemeistert.
Ich, jedenfalls, bin total begeistert."

Beleibte Männer
Ich besitze eine Waage, wo sich noch der Zeiger bewegt.
Aus Altersgründen wurde sie jetzt auf den Schrottberg gelegt.
Die neue, die ich nun erworben habe,
arbeitet schon mit elektronischer Sprachausgabe.

Sie sagt nicht nur die Kilos an,
klar ist, dass sie noch viel mehr kann.
Es ist aber ein fieses und hinterhältiges Gerät.
Immer wenn man nackt auf ihr steht,
ruft es von unten provokativ und wüst:
„Ätsch, ich sehe was, was du nicht siehst.

Zur Wendezeit
Entlang der Elbe schreitet ein Mann,
Er hat einen langen, schicken Mantel an,
und trägt eine Tasse in der Hand
Er geht damit zum Elbestrand.

Ein Sachse läuft zu ihm in höchster Not:
„Jiftig, nich drinken, da jehnse tot."
„Mein Herr ich verstehe nicht was Sie sagen.
Ich bin Unternehmensberater und komme aus Hagen."

Der Sachse überlegt und sagt dann halt:
„Schön langsam trinken, es ist kalt."

Fragen der Woche
Das Interesse an den Fragen der Wochen
ist im Rundfunk von jeher ungebrochen.
Ich weiß noch, dass eine Frage war,
wo haben die Frauen das krauseste Haar.

Viele haben intensiv darüber nachgedacht.
Den Sieg hat die Antwort „ Am Kongo" gebracht.
Eine Woche später wird eine Hörerzuschrift verlesen,
der ausländische Mann ist unendlich dankbar gewesen.

Er schreibt, er sei jetzt gut informiert und schlau
und weiß nun wo ist Kongo bei meiner Frau.

Das Kaninchenwunder

Die Ehefrau muss wegen der Arbeit früh aus dem Haus.
Der Mann geht später und soll noch mit dem Hund raus.
Er öffnet die Tür und sieht eine Regenwand stehen.
So schickt er den Hund alleine Gassi gehen.

Der erledigt sein Geschäft und war auch sonst nicht faul,
denn er steht vor der Tür; Nachbars Kaninchen im Maul.
Was nun ? Der Mann aber hat einen rettenden Einfall
und legt das Kaninchen wieder in seinen Stall.

Als abends der Nachbar klingelt ist er ganz verlegen.
Der jedoch erzählt etwas von Gottes wundersamen Wegen.
Das Kaninchen, das sie heute im Stall gefunden haben,
wäre gestern gestorben und sie hätten es im Garten vergraben.

Sehnsucht der Oma
Die Mutter, Tochter und Enkelin wollen Mut beweisen
und gemeinsam zu entfernten Verwandten reisen.
Ihre Kutsche rollt zügig durch den Wald.
Da plötzlich erschallt ein lautes „Halt."

„Die Damen steigen bitte einfach aus
und rücken ihren Schmuck heraus.
Anschließend schlafe ich noch mit **allen** Frauen,
Dann sind sie frei. Sie können mir vertrauen."

Die Tochter ruft laut, wütend und ungefragt,
Ihre Mutter wäre doch schon recht betagt.
Da wirft sich die Oma in die Brust. Steht mutig und ungebrochen.
„Der Herr Räuber hat vorhin von allen Frauen gesprochen."

Zwei Fragen

„Ich wollte dich schon immer nach zwei Ausdrücken fragen.
Vielleicht kannst du mir etwas zu ihrer Bedeutung sagen.
Da wäre als erstes –a priori- genannt."
„Ja, das wird jeweils für – von vorn – verwandt."
„Na gut, die zweite Frage kann ich mir dann natürlich schenken.
Was – a propo – bedeutet, kann ich mir jetzt selber denken."

Dackelverkauf
Der Dackel ist Herrn Böhm erneut entlaufen.
Er beschließt, das Tier nun endlich zu verkaufen.
Böhm fragt seinen Freund, ob er nicht weiß,
was nimmt man bei dem Kauf für einen Preis.

Er hätte so an fünftausend Euro gedacht.
Da hat der Freund nur laut gelacht.
Sie treffen sich zufällig nach einem Vierteljahr.
Der Freund will wissen wie der Kauf so war.

„Es ist alles wunderbar und wie gewünscht gegangen."
Er hat auch die fünftausend Euro sofort empfangen.
„In bar" fragt der Freund erstaunt und verwundert.
„Na ja, zwei Hühner, a zweitausendfünfhundert."

Die Fehleinschätzung

Zwei Jungens haben eine Handgranate entdeckt.
Sie war auf ihrem Bauernhof seit langem versteckt.
Sie wollten sie aber schnellstens loswerden, irgendwo
und warfen sie in das auf dem Mist stehende Klo.

Sie standen noch dort, das Gesicht weiß wie die Wand,
da kam aus dem Wohnhaus plötzlich die Oma gerannt.
Sie saß kaum auf dem Klo und hatte die Tür zugemacht,
Da ist unter ihr donnernd die Granate zerkracht.

Die Oma erstarrt und war vor Schreck ganz gerührt.
Sie murmelte nur:" Mein Gott, wäre mir das in der Stube passiert."

Geteilter Schmerz
Eine Nachricht ist durch die Fachwelt geeilt.
Es gibt eine Maschine, die den Geburtsschmerz teilt.
Da eine junge Frau gerade entbinden sollte,
fragte man den Ehemann, ob er mitmachen wollte.

Der Beginn wurde auf 10% Anteil des Schmerzes gelegt.
Beim Ehemann hat sich da nichts geregt.
Nachdem er also gar nichts spürt,
hat man den Anteil bis zu 100 % geführt.

Die Geburt ging für alle schmerzfrei aus.
Deshalb entließ man sie auch aus dem Krankenhaus.
Sie führen heimwärts und an ihrem Häuschen vor,
und da lag der Postbote tot vor dem Tor.

Der erotische Vorschlag
„Morgens, jeweils nach der Rasur,
verspüre ich Lebensfreude pur.
Ich fühle mich wieder wie dreißig;
stark, unternehmungslustig und fleißig."

„Dann möchte ich dich als Ehefrau instruieren,
du solltest dich besser abends rasieren."

Ausreisewillig
Zum Rat des Kreises kommt in der DDR ein Mann
und gibt als Besuchsgrund „ausreisewillig" an.
Bei diesem Sachverhalt bleibt die Stasi nicht still
und will wissen, was er im katholischen Polen will.

Er antwortet: „So wie es in meinem Antrag steht,
geht es um die Homosexualität.
Früher wurde man dafür hingerichtet.
Darauf hat man aber dann verzichtet.

Zuchthaus gab es aber immer noch,
dann wartete ein finsteres Gefängnisloch.
Heute ist alles frei von Strafen
für Schwule wartet sogar der Ehehafen.

Ich bitte daher dringendst um einen Ausreiseschein,
denn bevor es Pflicht wird, will ich weg sein."

Freudenfest
„Gucke mal der Mann ist ja furchtbar betrunken.
Jetzt hat er auch noch rüber gewunken.
Mein Gott, ich erkenne ihn wieder.
Es ist mein früherer Verlobter Dieter."

„Und wie lange ist das schon her?"
„So zwanzig Jahre oder auch mehr."
„ Junge, Junge es gibt vielleicht Leute,
da feiert er das bis heute."

Politische Mordtheorien

Die Wissenschaftler beschäftigen sich oft mit Problemen,
die sie der gesellschaftlichen Situation entnehmen.
Für eine wichtige Frage ist man zu einer Tagung gekommen:
„Hätte die Entwicklung einen anderen Weg genommen,
wenn man nicht J.F. Kennedy erschießt,
sondern die Ermordung von Walter Ulbricht beschließt?"

Die Meinungen der Teilnehmer sind hier überhaupt nicht klar.
Verständlich, weil man noch in der Phase des kalten Krieges war.
Es gibt da aber einen Punkt, wo keiner widerspricht.
Geheiratet hätte der Onassis die Lotte Ulbricht nicht.

Seniorenreise

Ein älteres Ehepaar hat schon in Hamburg im Zug gesessen.
Da denkt die Frau: „Mein Gott, ich hab das Hörgerät vergessen!"
Entsetzt fällt sie zurück in ihre Kissen.
„Ohne Technik bin ich völlig aufgeschmissen."

Am Ziel in Berlin wird ein Taxi genommen,
fragt der Fahrer:" Woher sind Sie gekommen?"
Von hinten, der Chauffeur hatte kaum gefragt,
ruft es laut: „ Was hat er gesagt?"

Die Frage, „Wo sollst denn hingehen?"
führt zum Aufschrei. "Ich kann Nichts verstehen!"
Als sich dann das Gespräch um den Herkunftsort Hamburg dreht,
Der Fahrer hatte längst begriffen, dass die Frau gar nichts versteht,
erklärt er dem Ehemann, der vor Zorn schon an der Decke schwebt,
er hätte in Hamburg den schlechtesten Sex seines Lebens erlebt.

Da kommt von hinten wieder das:" Was hat er gefragt?"
„Er kennt dich, hat er gesagt"

Auswahlprinzip
Der Hauptfilm läuft im Kino lange schon.
Da plötzlich ist eine Stimme neben dem Ton.
Die Szene ist grad dunkel. Es gibt kaum Licht.
„Nehmen Sie sofort die Hand weg! Nein, Sie doch nicht !"

Der Hase im Rausch
Ein Hase liegt im Sonnenschein
und zieht sich etwas Haschisch rein.
Da kommt ein Biber angeschwommen.
Er hätte auch gern einen Zug genommen.

Einmal kosten hätte der Hase schon erlaubt,
doch der Biber hat den Joint in Gänze abgestaubt.
Er schwimmt dann zu des Flusspferdes Liegestätte
und schwärmt, was das alles für eine Wirkung hätte.

Das Nilpferd will das gleiche auch genießen
und wird vom Biber an den Hasen verwiesen.
Bei der Ankunft guckt ein großer Teil aus dem Wasser raus,
Da schreit der Hase: „Biber atme aus, atme aus!"

Die Wahrnehmungen
Eine Frau hat den Arzt mit einem Besuch beehrt
und sich sehr über ihre Blähungen beschwert.
Sie hätte schon 5 Abgänge seit heute morgen.
Langsam mache sie sich ernsthaft Sorgen.

Das einzig Gute, was für sie spricht,
sie riechen und man hört sie nicht.
Sie hat dann ihr Rezept genommen
und soll in einer Woche wiederkommen.

Sie, ganz aufgeregt: „Alles ist viel schlimmer.
Meine Blähungen riechen jetzt immer."
„Also, ihre Nase haben wir jetzt offensichtlich im Griff.
Als nächstes kriegen Ihre Ohren den richtigen Schliff."

Blondinenentführung

Eine Blondine hat im Stadtpark ein Kind entdeckt.
Sie greift es und hat mit der Nadel ein Zettel festgesteckt.
Darauf konnte man geschrieben sehen:
„500 € Lösegeld" – und ließ das Kind gehen.

Am nächsten Tag stand das Kind am gleichen Fleck.
Der Zettel von gestern war natürlich weg.
Sie hielt jedoch einen neuen in der Hand.
Auf diesem, von der Mutter, stand:

„Wie konnte das gestern und heute nur geschehen.
Dass sich Blondinen das antun, kann ich nicht verstehen."

Revolution
Walter Ulbricht hat gern hübschen Frauen nachgesehen.
Lotte Ulbricht konnte und wollte das nicht verstehen.
Wieder einmal, er konnte sich nicht verkneifen zu schauen,
hat sie ihm einfach eine runter gehauen.

Da kommt plötzlich ein Passant
von der anderen Straßenseite gerannt,
stellt sich direkt vor Walter Ulbricht hin
und haut ihm kräftig aufs Kinn.

Es ist klar, dass dies die Ehefrau stört,
Deshalb ruft Lotte auch ganz empört:
„Was denken Sie Lümmel sich eigentlich bloß."
„Ich sah die Ohrfeigen und dachte, jetzt gehts los."

Der Lorbeerkranz
Das Schnarchen des Mopses ist eine unendliche Qual.
Dem Frauchen bleibt nur der Arztbesuch als letzte Wahl.
Der rät dem Hund Lorbeerblätter an das Schwänzchen zu binden
und sie würde am nächsten Morgen ein anderes Tier vorfinden.

Es klappt und ihr kommen Gedanken – gefährlich und fürchterlich,
denn auch ihr Mann ist ein gewaltiger Schnarcherich.
Kurzum, die Prozedur wird auf gleiche Weise versucht.
Morgens guckt der Mann, staunt rennt zum Telefon und flucht.

„Bester Freund erinnerst du dich an die letzte Nacht?
Wir haben doch eine furchtbare Sause gemacht.
Wir waren noch bei den Mädels, so zwei drei Stunden.
hat da irgendeine Siegerehrung stattgefunden?"

Mein Freund – Die Schildkröte
Man kann mich jetzt überall mit einer Schildkröte sehen.
Gestern wollten wir beide sogar ins Kino gehen.
Die Kinofrau ließ uns aber nicht rein.
Tiere dürften hier überhaupt nicht sein.

Da habe ich sie einfach vorn in die Hose gesteckt,
in der Hoffnung ‚dass man sie dort nicht entdeckt.
Der Film begann und der Saal war dunkel wie die Nacht.
Da habe ich vorn meine Hose aufgemacht.

Sie kam auch aus ihrem Panzerhaus
und steckte das Köpfchen aus der Hose raus.
Da rief die Nachbarin zu ihrem Freund ganz aufgeregt:
„ Bei dem Mann da hat sich vorne was bewegt."

„Nun gut, du hast dir das alles angeschaut.
So aber bin ich doch auch gebaut."
„Das werde ich wohl zugeben müssen,
du aber fütterst deine Körperteile nicht mit Nüssen."

Irrflug

Zwei Vampire hängen an einem Baum im Abendrot.
Der eine jammert: "Ich sterbe fast den Hungertod
und ich will mich auch nicht länger plagen.
Ich fliege noch einmal schnell zum Jagen."

Es schimmert immer noch die Abendglut,
da kehrt er zurück, die Schnauze voller Blut.
„Offensichtlich ist bei dir alles gut gegangen
Und wo hast du das tolle Essen gefangen?"

„Siehst den Baum da links hinten stehen?"
„Ja". „Ich aber habe ihn nicht gesehen."

Kurz und knapp

Der Vorzug
Eins gefällt mir wunderbar bei der Frau Blau.
Sie ist nicht m e i n e Frau.

Die Vorstellung der Frau
„Gestatten, dass ich vorstelle - meine Frau."
„Ich hatte schon das Vergnügen, das weiß ich genau."
„Vergnügen, na dann war es nicht meine Frau."

Müllerweisheit
Von jeher musste jeder Müller wissen,
ein Zuviel hat jeden Sack zerrissen.

Anruf im Reisbüro
„Herr Schulz, in den Urlaub fährt meine Frau allein in diesem Jahr.
Haben Sie nicht ein schönes Skigebiet mit großer Lawinengefahr?"

Atomforscher - Gedenktafel
Hinsichtlich des Charakters ist man geteilter Meinung,
aber er war unbestritten eine strahlende Erscheinung.

Kriminalist - Gedenktafel
Er musste sich dienstlich natürlich viel unterhalten
und das Gespräch zumeist fesselnd gestalten.

Schönheitschirurg: - Gedenktafel
Er half den Menschen, besonders den Alten,
sich völlig zu entfalten.

Geisterfahrer - Gedenktafel
Er war und das haben wir an ihm geschätzt,
entgegen kommend bis zuletzt.

Sparsamkeit
„Jung verheiratet und ich muss dich im Freudenhaus entdecken"
„Soll ich vielleicht wegen 10 Euro meine Sarah wecken?"

Die Angst der Fledermaus
Eine Fledermaus, die ja kopfüber von der Decke hängt,
befürchtet vor allem, dass die Inkontinenz anfängt .

Original Gerichtsakten
Die Männer sind angeklagt, weil sie ihr Geschlechtsteil sehen ließen, woran sich die Passanten an der anderen Straßenseite stießen.

Die Alkoholberatung
„Verzeihung, ist dort für Alkoholiker die Beratungsstelle?
Ich bräuchte Hilfe auf die Schnelle."
„Ja, Sie sind richtig und wir sind für Sie da."
„Sagen Sie, wie macht man eigentlich Sangria?"

Das neue Sportgerät
„Ich will dir nur sagen, ich habe jetzt einen Golfsack gekriegt."
„Mensch, wo doch gerade dein Tennisarm hinter dir liegt"

Gewünschte Brust
„Schatz, glaubst du, dass meine Brust zuwenig ist?
„Nein, zwei sind gut. Bleib wie du bist."

Literatur – und Quellenverzeichnis

[1] Bernd Lutz Lange
„ Das Leben ist ein Purzelbaum"
Aufbau Verlag – 4. Auflage 2013

[2] „ Das große Heinz Erhard Buch"
Rowolt Taschenbuch Verlag GmbH – 1974

[3] Hans Georg Stengel
„Frühling, Sommer , Herz und Kinder"
Eulenspiegel Verlag – Berlin

[4] Bernd Lutz Lange
„Teekessel und Othello"
Hohenheim Verlag – Stuttgart Leipzig
6.Auflage 2009

[5] Salcia Landmann

„ Der jüdische Witz"
Lizenzausgabe des Deutschen Bücherbundes GmbH & Co
Stuttgart München

[6] Dina und Leonie Spiegel (Hg)
„Jetzt mal Tacheles"
Patmos Verlag GmbH & Co KG
Artemis und Winkler, Düsseldorf 2009

[7] V. Hirschhausen und von der Lippe
„Ist das ein Witz" Vol.2
Kommt ein Komiker zum Arzt
HERBERT der Hörverlag 2014

[8] V. Hirschhausen und G.Cantz
„Ist das ein Witz" Vol.3
Kommt ein Entertainer zum Arzt
HERBERT der Hörverlag 2015

[9] V. Hirschhausen und Karassek
„Ist das ein Witz"
HERBERT der Hörverlag 2014

[10] Shaka Loko
„Das große Witzbuch"
2016 by Imprenta Las Canitas
Clay 3082, Ciudad de Buenos Aires

[11] M. Nuel
"Das große Buch der jüdischen Witze"
Gustav Rieckers Buchhandlung Nachfolger o. J.
Berlin ca. 1907

[12] Hellmuth Karasek
„Soll das ein Witz sein?"
Wilhelm Heyne Verlag München 01/2014

[13] Hellmuth Karasek
„Das find ich gar nicht komisch"
Wilhelm Heyne Verlag München 01/2017

Inhaltsverzeichnis:

Der jüdische und ostpreußische Witz   5
An einem Frühlingstag im Cafe   6
Ostpreußische Arztgefühle   7
Der Dorfpolizist   8
Die Verlobte   9
Die Weste   10
Die Füße im Bad   11
Die Kuh aus Minsk   12
Die Kopfbedeckung   13
Reichtum   14
Theaterfreuden   15
Konkubinat   16
Die Geliebte   17
Rabbi Kopp ist tot   18
Totenwache   19
Auf der Kurischen Nehrung   20

Frauen im Orient	21
Sarah auf dem Balkon	22
Blau im Freudenhaus	23
Na wie geht's	24
Der Butlerjob	25
Die Grenzbebauung	26
Der Wegweiser	27
Die unruhige Predigt	28
Diebstahl im Kino	29
Witze aus Deutschland und Umgebung	30
Der Banküberfall	31
Der Selbstmörder	32
Der französische Gefangene	33
Versteckte Dragees	34
Straßenbahnlinie 10	35
Der Wanderer	36
Herr Vogel	37
Der Hasenbraten	38
Ratschlag zum Ehestreit	39
Die türkische Wohnung	40

Lebensweisheit	41
Der Pfarrerneuling	42
Beleibte Männer	44
Zur Wendezeit	45
Fragen der Woche	46
Das Kaninchenwunder	47
Sehnsucht der Oma	48
Zwei Fragen	49
Dackelverkauf	50
Die Fehleinschätzung	51
Geteilter Schmerz	52
Der erotische Vorschlag	53
Ausreisewillig	54
Freudenfest	55
Politische Mordtheorien	56
Seniorenreise	57
Auswahlprinzip	58
Der Hase im Rausch	59
Die Wahrnehmungen	60
Blondinenentführung	61
Revolution	62
Der Lorbeerkranz	63

Mein Freund die Schildkröte		64
Irrflug		65

Kurz und knapp   66

Der Vorzug	Vorstellung der Frau	67
Müllerweisheit	Anruf Reisebüro	68
Atomforscher	Kriminalist	69
Schönheitschirurg	Geisterfahrer	70
Sparsamkeit	Angst der Fledermaus	71
Original Gerichtsakte	Alkoholberatung	72
Das neue Sportgerät	Gewünschte Brust	73

Literatur – und Quellenverzeichnis   74

Inhaltsverzeichnis   77